Dans la même collection

Drôle de cuisine

Pâtisserie facile

Décors mâlins

Faites vos jeux

Cuisine de plein air

Cet album a été achevé d'imprimer sur les presses
de l'imprimerie Aubin à Poitiers
Dépôt légal : 2307.02.93. ISBN : 2.01.020391-7 29.36.1286.01/3
Loi n° 49.956 du 16 juillet 1949 sur les publications destinées à la jeunesse.

LES PETITS CHEFS

EN AVANT LA MUSIQUE

Auteur : Catherine Marchon-Arnaud

Photographe : Marc Schwartz

Styliste : Sylvie Bendavid

Documentation : Eric Matha

Préface d'Yves Duteil

Collection dirigée par Caroline Lancrenon

HACHETTE Jeunesse

Sommaire

1

Les xylophones, page 8

2

Les flûtes de Pan, page 16

3

Les percussions, page 24

4

Les sifflets, page 32

5

Les tambours, page 40

6

Les instruments à cordes, page 48

Index, page 56

Préface

Ma première guitare n'avait pas de cordes. Ni de caisse. Il n'en est jamais sorti le moindre son, d'ailleurs… C'était juste un manche que j'avais bricolé avec une planchette de bois et sur lequel j'avais tracé au crayon les cordes et les touches. En attendant de pouvoir jouer sur celle que mes parents m'avaient promise pour le Noël de mes quinze ans, je m'entraînais à apprendre à la main gauche les principaux accords, ceux qui me permettraient bientôt de chanter les Beatles, Polnareff et tous les autres.

Ma guitare m'a permis depuis de cultiver un lien extraordinaire et privilégié avec les autres, en leur donnant le meilleur de moi-même et, surtout, elle m'a permis d'ouvrir mon cœur. Avec la musique, les mots ont suivi et, avec les premières chansons, la surprise de séduire, le bonheur d'émouvoir, la fierté d'exister.

Ce jour-là, j'avais rendez-vous avec le reste de ma vie.

Chacun de nous peut être ainsi l'artisan de son propre rêve, en écoutant la petite musique de son cœur.

C'est le plus bel instrument pour l'harmonie.

Yves Duteil

1 2 3 4 5 6 7 8 9 10 11 12 13 14 15 16 17 18 19 20 21 22 23 24 25 26 27 28 29 30

LE XYLOPHONE

Le matériel

- un crayon
- un pinceau
- une scie
- un tournevis
- une vrille
- du papier de verre
- des ciseaux
- deux tasseaux de bois de 2 cm x 1 cm x 2 m
- quatre vis de 3 cm
- un rouleau d'isolant (mousse ou semi-tubulaire)
- de la ficelle de cuisine
- de la peinture
- un bâtonnet à brochette
- une perle de bois
- une règle

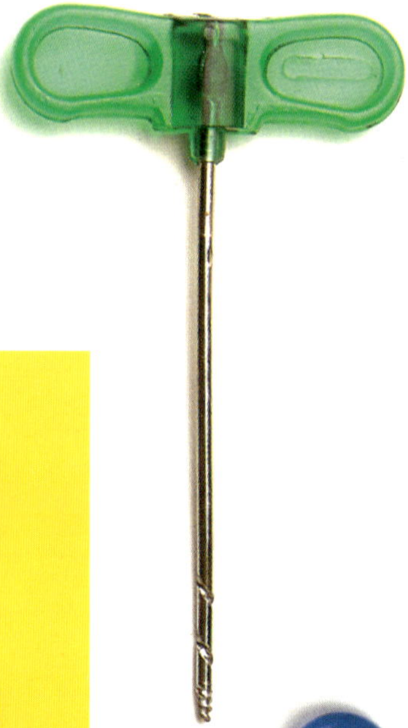

1

Découpe dans un des tasseaux, deux morceaux de 32 cm, un de 21,5 cm et un de 16 cm pour le cadre, puis dans l'autre tasseau, huit morceaux de : 27 cm, 26 cm, 24 cm, 23,5 cm, 22,5 cm, 22 cm, 21 cm, 20 cm, pour les lattes. Ponce chaque morceau.
Peins les lattes en bleu.

2

Monte le cadre en plaçant les deux longs morceaux sur ceux de 21,5 cm et 16 cm. Fais un pré-trou avec une vrille à chaque angle. Enfonce la vis dans l'épaisseur des deux tasseaux en laissant dépasser la tête. Peins le cadre en vert. Place une bande d'isolant sur le bord intérieur des grands côtés du cadre.

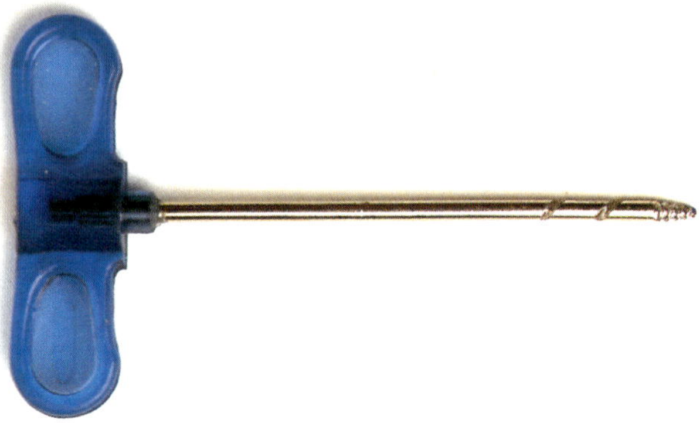

3

CONSEIL

Pour éviter que les lattes ne se déplacent pendant que tu les attaches, pose en travers un morceau de carton faisant toute la longueur du xylophone et place dessus un poids ou un quelconque objet lourd.

Place les lattes par ordre décroissant de gauche à droite sur le cadre.

Attache un morceau de ficelle sur la tête de vis de gauche (en bas) et enroule deux fois la ficelle autour de la première latte en commençant par le dessous. Passe à la deuxième et ainsi de suite jusqu'à la huitième latte.

4

La huitième latte attachée, fixe solidement l'extrémité de la ficelle à la tête de vis de droite. Retourne le xylophone et recommence de la même façon de l'autre côté.

5

Peins la baguette et la perle et plante la baguette dans la perle.

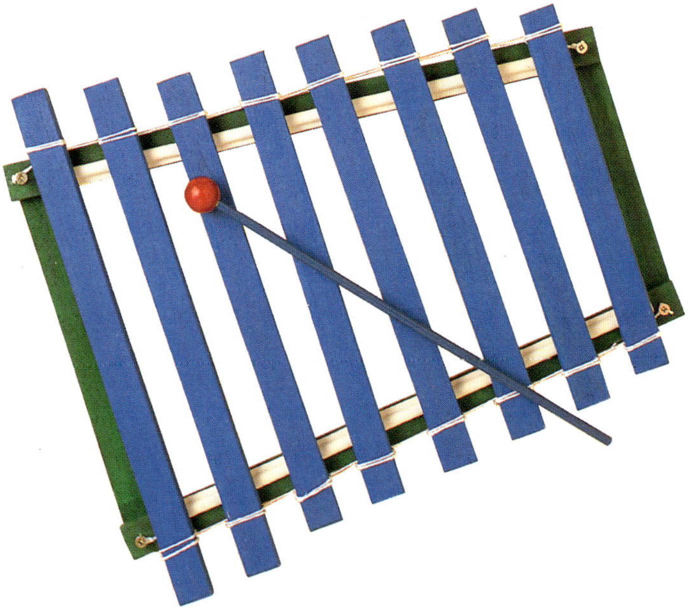

Pour jouer, place le xylophone devant toi, la partie la plus large sur ta gauche, et frappe avec la baguette bien au milieu des lattes de bois.

LE BALAFON

Pour augmenter le son du xylophone que tu viens de faire, pose le sur une série de pots de yaourt en verre ou une série de boîtes de conserve toutes identiques. Les récipients doivent supporter les longs côtés du cadre du xylophone sans toucher les lattes.

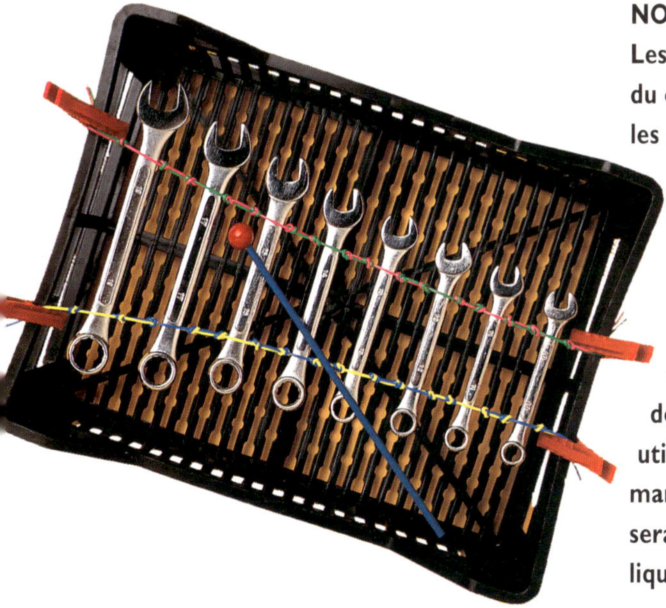

NOTE

Les pinces qui sont du côté des clés les plus larges sont plus écartées que de l'autre côté. Joue avec la même baguette que précédemment ou utilise un petit marteau, le son sera plus métallique et plus fort.

LE MÉTALLOPHONE DU MÉCANICIEN

Le matériel

- une série de clés plates
- quatre fils de scoubidou
- une cagette en plastique
- quatre pinces à linge

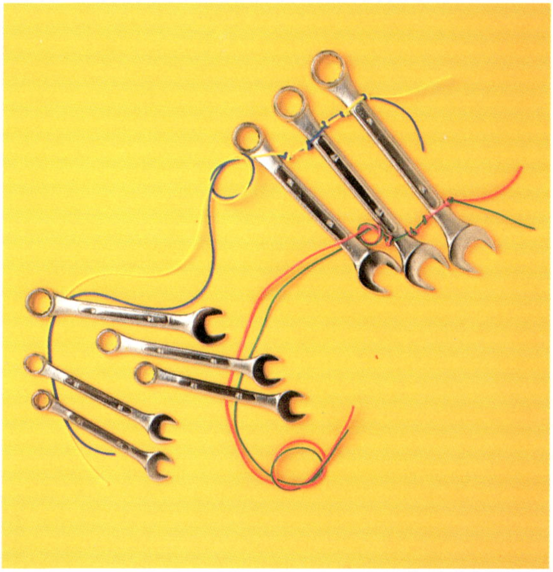

Pose les clés par ordre croissant sur la table. Groupe les fils par deux et fais un double nœud à environ 8 cm de l'extrémité. Glisse la première clé entre deux fils, fais un nœud. Prends le deuxième groupe de fils et attache-le de la même façon à l'autre extrémité de la clé. Regroupe les fils de chaque côté et refais sur chaque faisceau un nœud à 1,5 cm. (Cet espace est nécessaire, pour empêcher les clés de se toucher.) Recommence l'opération avec chacune des clés, en respectant l'intervalle. Après la dernière clé, laisse à nouveau 8 cm de fil, puis tends ton ensemble de clés sur une cagette en plastique, en fixant les extrémités à l'aide des quatre pinces à linge comme sur la photo.

Le métallophone portemanteau

Le matériel

- une série de clés à pipe trouées
- un cordonnet ou une ficelle
  de 2 m de long
- huit perles
- un cintre

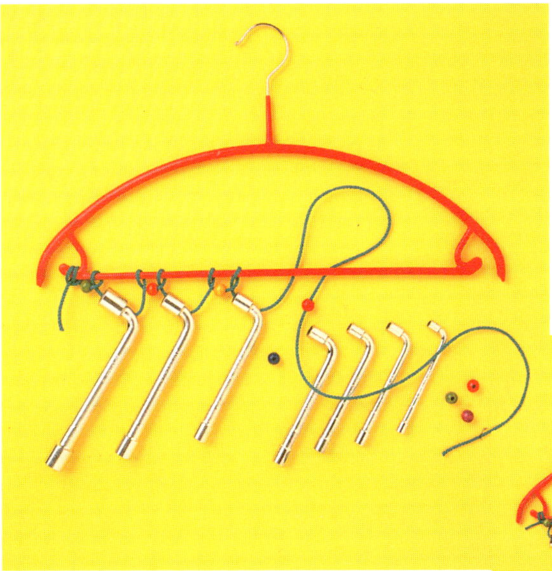

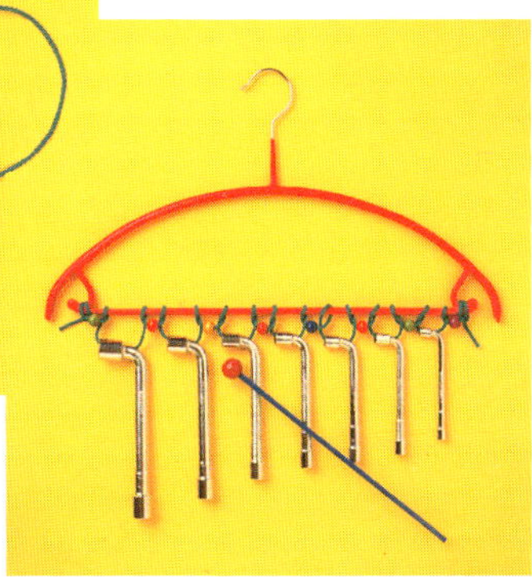

Commence par attacher le cordonnet à gauche sur le cintre et enroule-le une fois autour de la barre inférieure, enfile une perle. Avec le cordon, refais un tour sur la barre inférieure du cintre et passe l'extrémité du cordon à l'intérieur de la boucle formée autour de la barre.

Enfile une clé, en laissant une longueur suffisante pour que celle-ci ne touche pas la barre du cintre (ce qui risquerait d'atténuer le son). Fais à nouveau un tour, enfile une perle, ainsi de suite pour les huit clés. Arrête par un double nœud.

Pour jouer de cet instrument, utilise la baguette ou un petit marteau.

Le bouteillophone

Le matériel

- huit bouteilles ou flacons identiques (250 ml)
- de l'eau dans un récipient
- un entonnoir
- des colorants alimentaires (facultatif)

Remplis la première bouteille presque jusqu'en haut. Vérifie en la frappant à l'aide d'une baguette que le son est agréable à l'oreille. Si oui, passe à la deuxième bouteille sinon, ajoute ou retire un peu d'eau. Remplis la deuxième bouteille en t'arrêtant 1 cm plus bas à l'œil. Continue de remplir les bouteilles en descendant d'1 cm à chaque fois.

Frappe successivement chaque bouteille, et écoute le son produit par chacune d'elles. Si le son te semble faux dans une bouteille, rectifie le remplissage en rajoutant ou en supprimant une petite quantité d'eau (de l'ordre de 5 mm).

Installe les bouteilles sur une table face à toi, par ordre décroissant de remplissage, ajoute dans chaque flacon une goutte de colorant alimentaire.

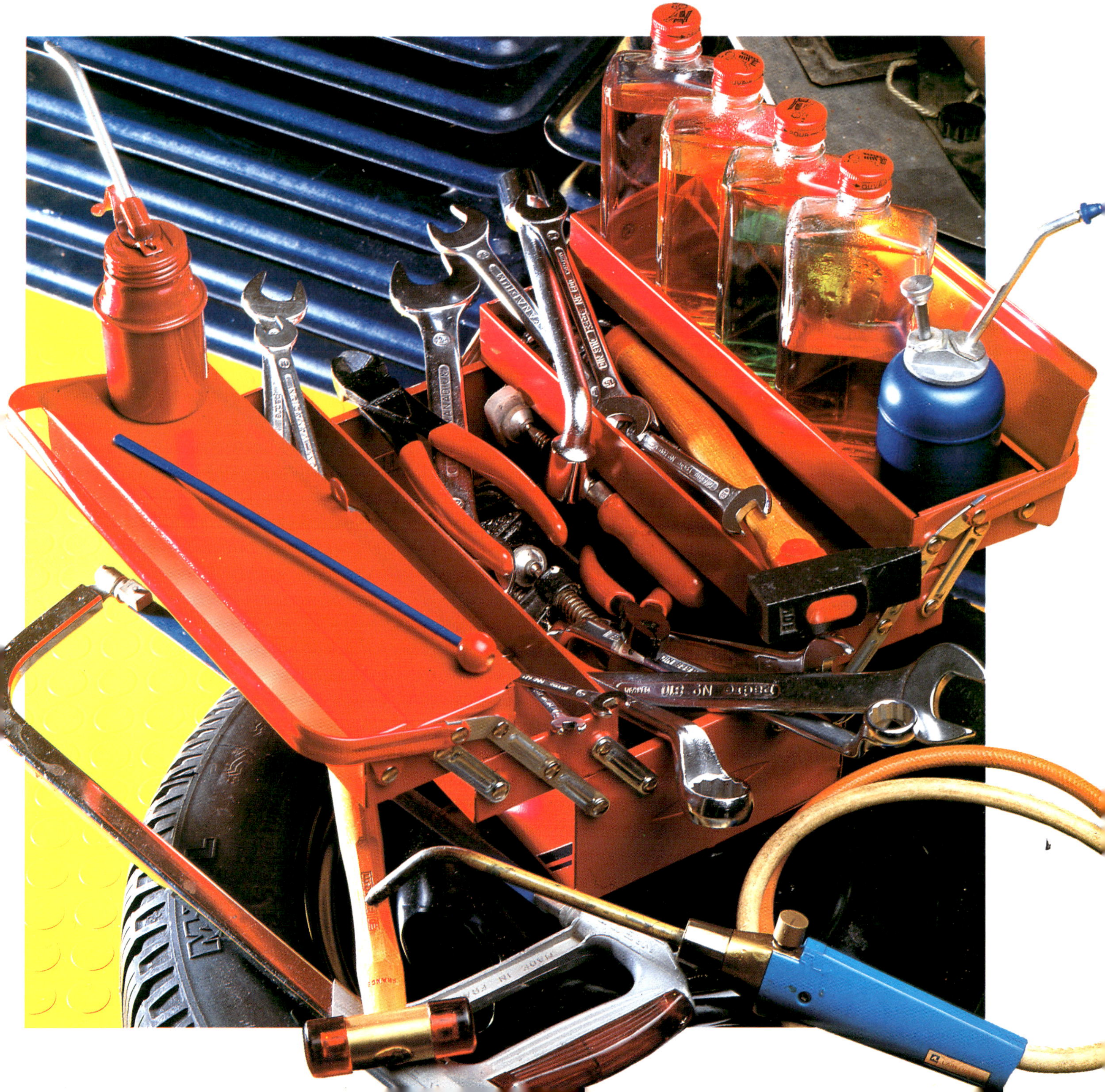

Le xylophone est l'un des instruments les plus connus du groupe des percussions mélodiques. Son nom a pour origine le mot grec *xylon* qui signifie "bois". Depuis sa redécouverte par Carl Orff (1895-1982), il est largement utilisé dans les écoles pour initier les jeunes enfants à la musique.

Le roi David jouant du psaltérion. Psautier du IXe siècle.

Le xylophone s'est adapté à des cultures diverses

Accompagnant les danses et les chants, le xylophone s'est adapté à des cultures diverses avec, par conséquent, des évolutions particulières. L'Europe du XVe siècle connaissait l'instrument, il s'appelait alors "psaltérion de bois". Les lattes étaient disposées sur la paille ou fixées à un châssis porté autour du cou.

En Afrique, plus connu sous le nom de balafon, il était utilisé par les guérisseurs pour soigner les malades. Cette pratique a presque disparu, en revanche certaines ethnies jouent encore du balafon lors des cérémonies funéraires.

LE BOIS QUI CHANTE

Au XVIe siècle, les esclaves noirs introduisirent le xylophone en Amérique centrale, où il se répandit sous le nom de marimba.

Aujourd'hui, le marimba est considéré comme l'instrument national au Guatemala. Au Mexique, on l'appelle le "bois qui chante". Beaucoup plus grand que son frère européen, il possède cinq octaves et demie et peut être joué par deux à cinq personnes.

On rencontre également des versions plus modernes du xylophone, les métallophones. Ils s'inspirent des petites cymbales utilisées par les moines d'Occident au IXe siècle. Ce sont le Glockenspiel et le vibraphone rendus célèbres grâce au jazz, le sanza africain dit "piano à ponces", le célesta et le carillon tubulaire qui remplace les cloches dans l'orchestre.

En Indonésie, les orchestres Gamelan, sont des formations de percussions (xylophones, métallophones, gongs et tambours) dont les rythmes endiablés et la justesse mélodique enchantent et stupéfient l'auditoire.

Le triangle a longtemps été considéré comme l'instrument des mendiants (qui signalaient ainsi leur présence pour demander l'aumône) et des enfants. Largement inspiré du sistre, le triangle est connu depuis le Moyen Age. Souvent utilisé dans le répertoire militaire, il est aujourd'hui l'un des instruments à percussion les plus anciens dans l'orchestration symphonique. Son timbre est si limpide, qu'aux États-Unis, au début du siècle, on l'utilisait encore pour appeler les pompiers en cas de sinistre !

DES CLOCHES À VACHES

Comme l'indique leur nom, elles dérivent des cloches qui pendaient au cou du bétail. Elles sont souvent utilisées dans les batteries de jazz et on en joue soit en les frappant avec des baguettes soit avec le battant. De forme moins arrondie que l'originale, leur son est légèrement plus sec.

Musicienne frappant un jeu de huit cloches. Tchécoslovaquie, XIVe siècle.

Moulins à prières dans un temple au Népal.

LA FLÛTE DE PAN EN BOIS

Le matériel

- une canne de Provence (tuteur)
- du cordonnet
- de l'adhésif double face
- un crayon
- des ciseaux
- une règle
- un cutter
- une scie
- du papier de verre
- une aiguille à tapisserie

Continue de couper et poncer chaque tronçon, dans la longueur de la baguette, toujours à 1 cm au-dessous du nœud suivant. Une fois que tu auras tes huit morceaux, place-les dans l'ordre où tu les as coupés. Dans un autre morceau de canne ouverte aux deux bouts, avec le cutter, fends verticalement le tube, sans trop appuyer pour ne pas te couper. Puis dès qu'une languette se détache du reste, tire-la doucement pour qu'elle ne casse pas, les fibres verticales de la canne facilitant cette opération.

1

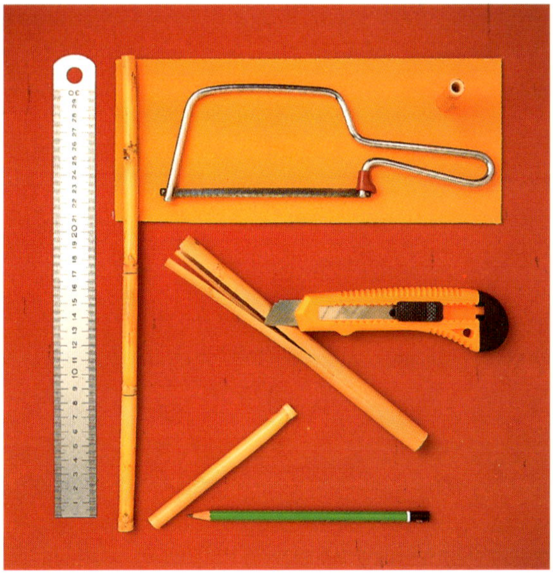

Prends la canne et vérifie qu'elle n'est pas fendue. Repère la partie la plus large, et sous un nœud (à 1 cm) trace à la règle et au crayon un trait. Scie à cet endroit et mesure 1 cm à nouveau sous le nœud suivant. Coupe, puis ponce au papier de verre l'extrémité ouverte du tube (afin de ne pas te blesser lorsque tu poseras celui-ci contre tes lèvres).

NOTE
Le décroissement naturel de la canne (en longueur et en diamètre) te donnera des sons allant du plus grave au plus aigu.

2

Colle un morceau d'adhésif double face sur la languette. Prends le premier tube que tu as coupé, place-le à environ 1,5 cm du bord de la languette sur la droite, en laissant dépasser le haut du tube de 3 cm au-dessus de la languette. Place ensuite tous les autres tubes les uns à côté des autres. Coupe l'extrémité de la languette à 1,5 cm, comme de l'autre côté.

3

Prends le cordonnet, passe-le sous la languette à droite, reviens sur le dessus, croise les deux morceaux du cordonnet sous l'autre extrémité.

4

Enroule le cordonnet en faisant un nœud autour de la languette, puis retourne l'ensemble sur l'autre côté, en plaçant le tube le plus long en haut.
Avec un des cordonnets, réalise une sorte de point croisé en passant entre les tubes.

Recommence de l'autre côté puis arrête le cordonnet en faisant quelques tours dans son épaisseur avec l'aiguille à tapisserie. Coupe les morceaux de fil qui dépassent.

Pour jouer, place la flûte devant toi le tube le plus long à ta gauche, puis pose contre ta lèvre inférieure l'extrémité du tube, souffle doucement de l'air à l'intérieur avec ta lèvre supérieure, comme si tu prononçais un "U".

La flûte de Pan en feutres

Le matériel

- une série de huit feutres usagés
- une scie
- de la colle forte
- du papier de verre
- un crayon
- une règle

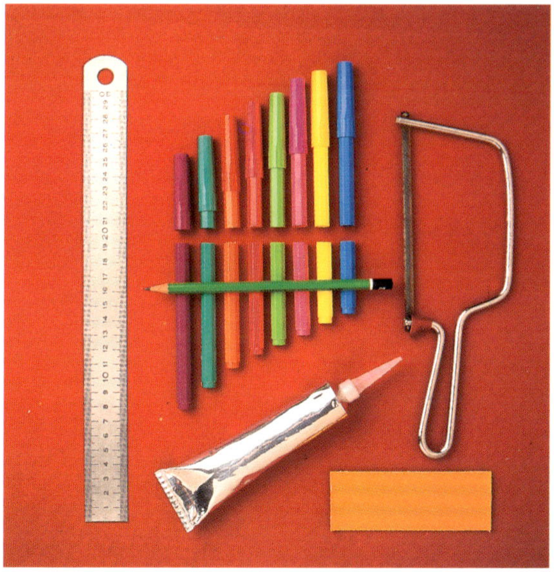

Coupe le premier feutre au ras du rétrécissement de la pointe, puis coupe les autres de façon que chacun ait 1 cm de moins que le précédent. Une fois toutes les découpes effectuées, ponce légèrement le bout de chaque feutre avant de les coller les uns aux autres, avec la colle forte.

La flûte de Pan en pailles

Le matériel

- une série de 8 pailles de gros diamètre
- une règle
- des ciseaux
- un crayon
- du ruban adhésif de couleur

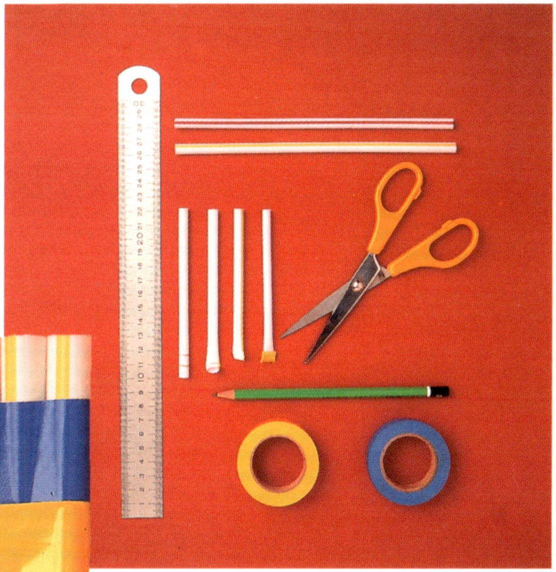

Coupe les pailles avec les ciseaux aux dimensions suivantes :
13,5 cm, 12,5 cm, 11,5 cm, 10,5 cm, 10 cm, 9,5 cm, 8,5 cm, 7,5 cm.
Marque sur chaque paille un trait de crayon à 0,75 cm puis à 2 cm. Ensuite, replie les extrémités ainsi marquées au niveau des traits. Prends un morceau de ruban adhésif et place-le sur ce double pli. Place les tubes les uns à côté des autres puis colle-les avec du ruban sur deux largeurs pour éviter que ta flûte ne se plie lorsque tu joueras.

La flûte de Pan en pvc

Le matériel

- un tube de pvc de 1,5 cm de diamètre, (3 m de long)
- une règle et un crayon
- une scie
- du papier de verre
- de la colle forte
- des ciseaux
- un morceau de carton épais
- de l'adhésif toilé
- une pièce de monnaie du diamètre du tube

Coupe avec la scie une série de tubes aux dimensions suivantes : 15,5 cm, 14 cm, 12,5 cm, 11,5 cm, 10,5 cm, 9,5 cm, 8 cm, 7,5 cm.

Trace sur le morceau de carton huit cercles avec la pièce de monnaie, puis découpe-les avec les ciseaux. Ebarbe chaque tube de pvc avec un morceau de papier de verre, comme pour la flûte de Pan en bois (page 17). Colle avec la colle forte une rondelle de carton à l'une des extrémités de chaque tube.

Habille chaque extrémité de tube d'un carré d'adhésif dont tu rabattras les côtés le long du tube. Rajoute un autre morceau, pour maintenir les rabats. Décore chaque tube avec de l' adhésif, place la série de tubes les uns à côté des autres, sur un morceau d'adhésif, côté colle vers toi. Rabats l'autre partie par-dessus pour solidariser l'ensemble. Comme pour la flûte en canne, place les tubes contre ta lèvre inférieure pour jouer, mais il te faudra souffler un peu plus fort pour sortir un son harmonieux de cet instrument, le diamètre intérieur des tubes de pvc étant supérieur au diamètre de la canne.

L'orgue à bouteilles

Le matériel

- huit flacons identiques (bouteilles de jus de fruits)
- de l'eau
- du colorant (bleu de méthylène)
- un entonnoir

Remplis le premier flacon avec 1 cm d'eau, ce sera la note la plus grave de l'orgue à bouteilles ; puis remplis la deuxième avec 1 cm de plus de liquide et ainsi de suite jusqu'à la huitième bouteille.

Pour jouer, place le goulot de la bouteille sous ta lèvre inférieure, et souffle en gonflant tes joues. Si tu n'y arrives pas, décale la bouteille vers le haut ou vers le bas jusqu'à ce que tu arrives à sortir un son du flacon.

L'origine de la flûte de Pan se perd dans la nuit des temps et nous ne savons rien de son inventeur. Et pour cause : les spécimens archéologigues les plus anciens sont des flûtes en os datant du paléolithique (entre 25000 et 12000 avant notre ère) .

Le dieu Pan et sa flûte

Aux temps de la mythologie grecque, dans les montagnes d'Arcadie, le dieu des bergers était une créature mi-homme mi-bouc du nom de Pan. Le terme "panique", qui en dérive, évoque la terreur qu'il inspirait parfois. Ainsi, un jour, le dieu poursuivait une nymphe, Syrinx, dont il était amoureux. Celle-ci, plutôt que de se laisser attraper, se jeta dans le fleuve Ladon et se transforma en roseau. Pan coupa alors ce dernier en longueurs inégales, les assembla et se mit à jouer de cet instrument pour exprimer sa tristesse. Mais la nymphe aussi a laissé son nom à cette flûte, qu'on appelle souvent syrinx. Nous la retrouvons aujourd'hui principalement dans les îles d'Océanie, en Extrême-Orient et bien sûr en Amérique du Sud.

Les instruments à vent

Les instruments à vent se divisent en deux familles : les cuivres et les bois. Cependant, ce n'est pas la matière dans laquelle ils sont fabriqués qui les distingue : la première famille rassemble les instruments à anche et la seconde les instruments à embouchure. Dans la première catégorie se rangent les clarinettes, cors et saxophones (munis d'un bec), les hautbois, bassons, binious, cornemuses et bombardes (dits à anches doubles), les harmonicas et accordéons (dits à anches libres).
La seconde famille comprend (outre les flûtes à bec, les flûtes traversières et piccolos) "les cuivres" comme les clairons, les trompes et trompettes, les trombones, tubas et cornets à piston.

Grâce au pouvoir enchanteur de sa flûte le charmeur de rats de Hamelin (Allemagne) ensorcelle les enfants de la ville.

Ecrit en 1791, peu avant sa mort, *La Flûte enchantée,* le célèbre opéra de Mozart, consacre le pouvoir enchanteur et magique de la flûte qui permet au jeune Tamino et à sa bien-aimée de traverser l'eau et le feu (entre autres !).

Joueur de flûte au Népal

COMBIEN EXISTE-T-IL DE FLÛTES ?

Il y a autant de flûtes que de modes d'insufflation et formes d'instruments. Ses possibilités mélodiques font de la flûte l'un des instruments les plus répandus sur les cinq continents. En Asie, la tige creuse et cylindrique du bambou lui a offert un matériau de choix. Le bois, puis le métal, lui ont donné tous les types de sonorité. L'imagination de l'homme a fait le reste, avec une infinie variété de pipeaux et chalumeaux, galoubets et flageolets, fifres et flûtes à bec, flûtes traversières et piccolos, sans oublier les tuyaux de l'orgue ou de la cornemuse. Il existe même en Océanie des flûtes actionnées par le souffle du nez, appelées "flûtes nasales".

LA CRÉCELLE

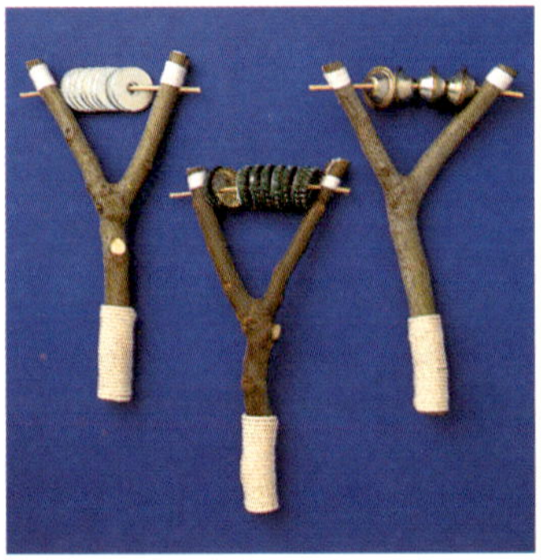

Le matériel

- une branche d'arbre en "Y"
- des rondelles de plomberie ou des capsules de soda ou des rondelles de carrossier
- un bâtonnet à brochettes
- de la ficelle de cuisine
- du cordonnet (type coton à macramé ou cordeau de maçon)
- un couteau multi-fonctions
- un petit marteau
- un gros clou
- un plan de travail en bois

1

Fends l'extrémité de chacune des branches avec la lame du couteau, en appuyant doucement pour ne pas déraper.

2

Prends les capsules de bouteilles, retire la pellicule intérieure en caoutchouc avec la pointe du couteau (pour faciliter cette opération, trempe les capsules quelques minutes dans l'eau chaude), place-les une par une sur le plan de travail en bois puis, à l'aide du clou et du marteau, fais un trou dans chacune d'elles.

3

Enfile les capsules sur le bâtonnet, puis coince-le entre les extrémités des branches fendues.

4

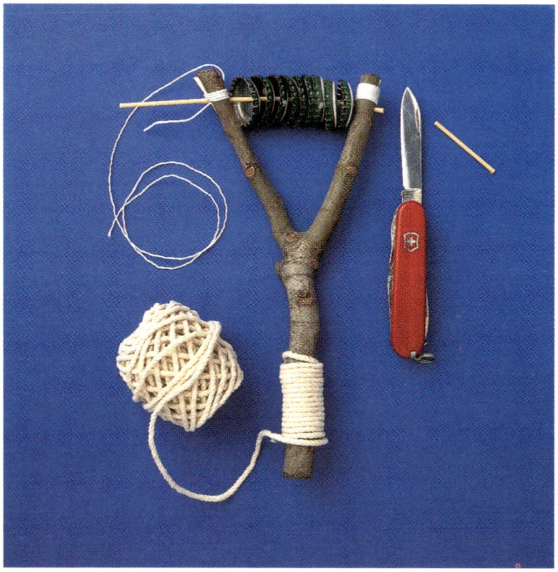

Avec de la ficelle de cuisine, fais une ligature sur la partie de la branche se trouvant au-dessus du bâtonnet, en serrant bien et en terminant par une série de nœuds simples. Coupe les morceaux du bâtonnet qui dépassent ; pour finir, entoure le manche avec le cordonnet et noue solidement les extrémités entre elles ou rentre-les sous le cordonnet que tu viens d'enrouler.

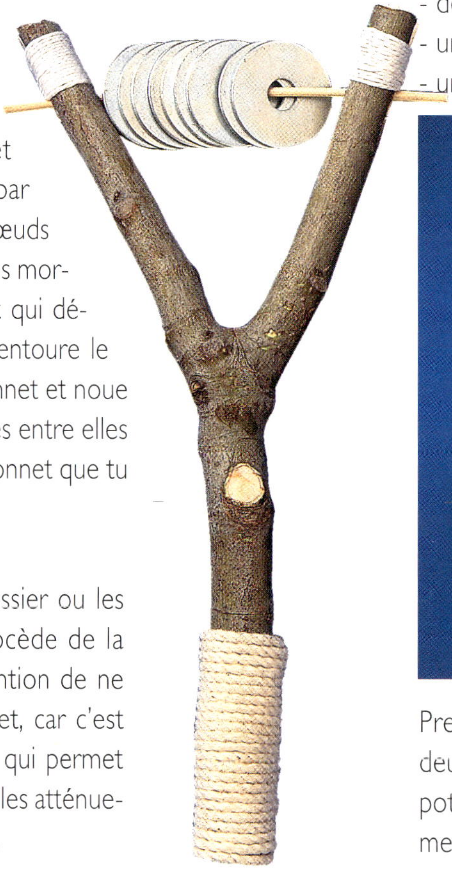

Avec les rondelles de carrossier ou les rondelles de plombier, procède de la même façon, mais fais attention de ne pas trop charger le bâtonnet, car c'est l'espace entre les rondelles qui permet la résonance, trop de rondelles atténueraient le bruit de la crécelle.

Les maracas

Le matériel

- deux petits pots de fromage frais
- un tube en carton
- une bouteille de shampooing
- une petite bouteille d'eau
- une "courge bouteille"
- deux bouchons de bouteilles de sirop
- des petits cailloux
- des légumes secs (lentilles, haricots cocos, etc.)
- des noyaux de fruits (prunes, cerises, etc.)
- des billes
- de la colle
- du ruban adhésif de quatre couleurs
- des gommettes
- des ciseaux et des ciseaux cranteurs (facultatif)
- un pinceau
- une boîte de peinture

Prends les petits pots, remplis-les de la valeur de deux cuillerées à soupe de lentilles, colle les deux pots ensemble et décore la surface avec des gommettes.

LES GRELOTS, LES NOIX

Nettoie et sèche la bouteille de shampooing, remplis-la de noyaux de fruits ou de haricots cocos, colle le bouchon et décore le corps avec des gommettes.

Remplis la petite bouteille d'eau avec des cailloux et décore-la avec les rubans adhésifs, et des gommettes.

Peins le tube en carton et décore sa surface avec des rubans adhésifs (dont tu peux couper les bords avec des ciseaux cranteurs pour donner un effet galon). Remplis-le de légumes secs et bouche-le aux extrémités avec les bouchons de bouteilles de sirop.

Il faut que la courge bouteille, ou calebasse, soit bien sèche. Retire les graines qui se trouvent à l'intérieur en ôtant la queue et en faisant un trou avec une vrille, que tu agrandiras avec une lime. Nettoie bien l'intérieur avec un bâtonnet pour enlever toutes les fibres séchées qui se trouvent accrochées aux parois. Introduis dans la calebasse une série de billes et un bâtonnet correspondant au diamètre du trou. Rebouche ce dernier avec de la colle forte. Peins en deux couches la surface de la calebasse, puis décore-la.

Le matériel

- un petit tasseau de bois de 20 cm environ
- une vrille
- de la ficelle de cuisine
- de la colle forte
- un couteau
- un pinceau et de la peinture
- du ruban adhésif de plusieurs couleurs (facultatif)
- une perle
- une série de grelots (achetés dans une animalerie)
- 6 noix

Perce le tasseau avec la vrille en quatre points comme sur la photo. Prends un long morceau de ficelle, enfile-le dans le trou inférieur et centre la ficelle. Enfile un grelot de chaque côté puis enfile la ficelle dans le trou supérieur en croisant les deux bouts. Enfile les deux autres grelots. Termine en croisant la ficelle dans le dernier trou puis passe-la dans la perle. Fais un double nœud. Décore le manche avec du ruban adhésif ou peins-le.

Ouvre délicatement les six noix. Pour cela, glisse la pointe du couteau entre les deux coquilles, du côté le plus large, en effectuant une légère rotation de la lame. Vide chaque demi-coquille, supprime toutes les cloisons intérieures et range-les par paires.

Avec la vrille, perce trois trous espacés de 2 cm chacun sur le tasseau. Coupe dans la ficelle trois morceaux de 8 cm. Enfile chaque morceau dans les trous et fais un triple nœud à chaque extrémité. Prends une demi-coquille, mets une pointe de colle forte sur son bord intérieur, place le nœud de la ficelle à l'intérieur de la coquille, referme-la.

Fais la même chose avec les autres coquilles. Peins chaque noix et laisse sécher, décore le manche comme précédemment en le peignant ou en collant du ruban adhésif.

Pour jouer de ces instruments, il faut les secouer en rythme sur une musique ou au sein d'un groupe dont chaque membre possède un instrument à percussion..

Le claquoir

Le matériel

- deux cuillers en bois
- une spatule
- un crayon
- une scie
- une vrille
- des ciseaux
- deux pinceaux
- de la peinture (deux couleurs)
- du cordonnet élastique tubulaire

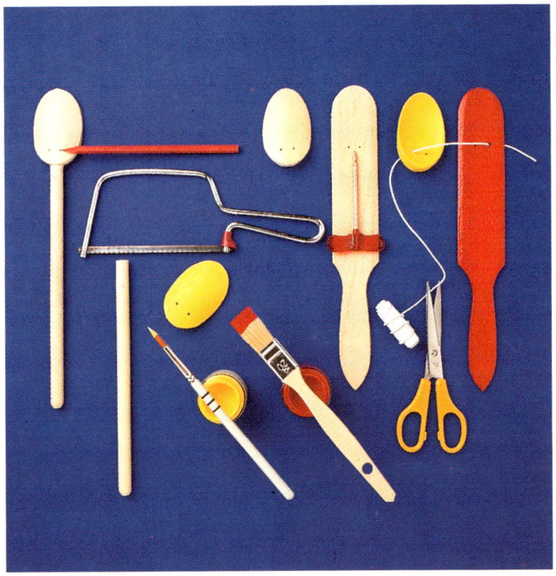

Coupe chaque manche au ras des cuillers. Marque à la base de la première cuiller deux points espacés d'environ 1,5 cm. Fais les trous avec la vrille, et transperce suffisamment pour pouvoir marquer, en repère, les deux trous à faire dans la spatule. Perce-les. Fais de même avec l'autre cuiller. Peins chaque élément et laisse sécher avant de les assembler avec l'élastique ; celui-ci devra être légèrement tendu mais pas trop pour permettre le mouvement des cuillers sur la spatule.

Si la valeur musicale des percussions est parfois limitée, elles figurent néanmoins parmi les tout premiers instruments de l'humanité. En les frappant, secouant, entrechoquant, ou en les raclant, les hommes ont rythmé les liesses populaires, les veillées funèbres et certains rituels religieux...

LES CRÉCELLES

Pendant la Semaine sainte, les cloches, symbolisant la voix de Dieu, voyagent jusqu'à Rome tandis que Satan devient le maître de l'univers. Les sonorités glorieuses de la cloche laissent place au vacarme des ténèbres produit par les crécelles et les claquoirs : les"contre-cloches". A Pâques, les cloches reviennent triomphantes. Au Moyen Age, les crécelles signalaient l'arrivée des lépreux, aujourd'hui elles sont devenues le plus souvent des jouets.

Des moines franciscains soignent les lépreux. Au Moyen Age, leur arrivée dans une ville ou un village était signalée par un "concert" de crécelles.

Un ballet d'Antonio Gadès.

LES CASTAGNETTES

D'origine phénicienne et déjà employées dans l'Egypte antique, leur nom vient de l'espagnol castaña qui veut dire châtaigne. Instrument national espagnol par excellence, elles rythment vertigineusement toutes les danses flamenco. Leurs claquements sont si vifs qu'il est nécessaire de les chauffer avant de les utiliser, ceci afin qu'elles ne se fêlent pas !

Les Egyptiens utilisaient également des castagnettes dénommées crotales. Elles étaient faites de deux petites cymbales qui, lorsqu'elles s'entrechoquaient, imitaient le bruit strident du serpent à sonnette (le crotale) d'où leur nom... En Afrique, ce vif instrument est également en métal, et est appelé knawas.

LES MARACAS

Ces instruments latino-américains à usage rythmique se composaient à l'origine de calebasses évidées remplies de graines ou de petits plombs. De nos jours, les maracas sont en bois ou en plastique mais animent toujours avec autant de vigueur les carnavals et les rumbas endiablées. Toujours employées par paire, l'une émet un son grave, l'autre un ton plus aigu. Aux Antilles, l'açon contient des petits morceaux de corail et de vertèbres de serpent ; employé lors des rites vaudous, nul ne connaît exactement sa signification magique (paraît-il très maléfique…). Les Mexicains, quant à eux, utilisent parfois un drôle de haricot de 30 à 35 centimètres de long. Une fois séchées les graines qu'il renferme produisent un bruit sec, identique à celui d'une maracas classique, malheureusement il est très difficile à dénicher.

Joueurs de maracas au carnaval de Trinidad.

LES CYMBALES, UNE HISTOIRE DE FAMILLE

Il n'est pas un percussionniste qui ne connaisse ou n'utilise les cymbales Zildjian !
Depuis plus de trois siècles et demi, les Zildjian (une famille turque d'origine arménienne dont le nom signifie "fabricant de cymbales") règnent sur le petit monde des percussions. Un aïeul, alchimiste de son état à Constantinople, trouva l'alliage miracle et entreprit de fabriquer des cymbales… Transmis de père en fils depuis le XVIIe siècle, le procédé demeure encore secret et a fait la fortune et la renommée de la famille Zildjian.

Les cymbales rythment une cérémonie religieuse au Népal.

LE SIFFLET EN CANNE DE PROVENCE

Le matériel

- une canne de Provence (tuteur)
- un canif avec une lame scie
- un bouchon
- du papier de verre
- un crayon

Coupe dans la partie large de la canne un tronçon de 6 cm à partir d'un des nœuds. Noircis la tranche de la canne avec le crayon noir, retourne cette tranche sur le bouchon pour obtenir le diamètre exact que tu devras découper dans le bouchon plus tard. Coupe en biais (à 45°) le sommet du tube.

CONSEIL
Il est difficile de donner une dimension précise à cette fente car elle est fonction de l'épaisseur de la canne ; si la canne est épaisse, la fente supportera d'être large, si par contre elle est plus fine, elle devra être plus étroite.

2

Avec le couteau, découpe le bouchon verticalement, en suivant le diamètre intérieur que tu as tracé. Lisse soigneusement la surface du bouchon sur toute sa longueur, insiste un peu avec le papier de verre sur un côté pour obtenir une bande bien plate d'environ 8 mm de large.

3

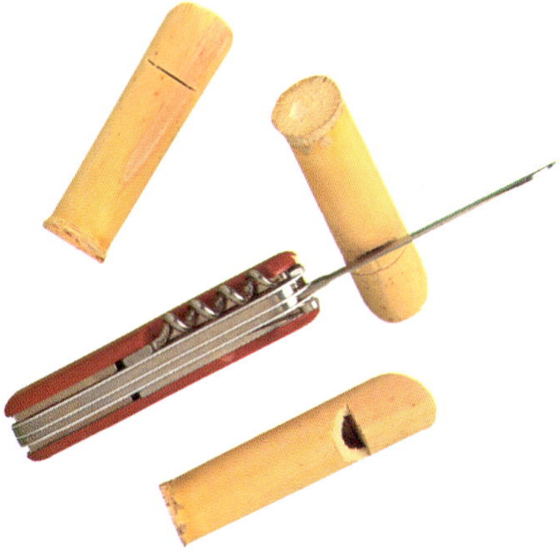

Place le morceau de canne à plat ; sur le devant, avec la lame scie, fais une fente horizontale, maintiens la canne sur son biseau et coupe une encoche de manière à atteindre la fente horizontale.

4

Passe le papier de verre sur la fente que tu viens de faire. Enfile le bouchon à l'intérieur de la canne, la partie plate sur le devant, et arrête le bouchon à l'intérieur juste au ras de la découpe horizontale. Coupe le bouchon le long du biseau et ponce-le au papier de verre.

Souffle dans le sifflet ; si le son est trop sourd, c'est que l'espace entre la canne et le bouchon est trop étroit. Dans ce cas, retire le bouchon et reponce-le un peu. Il se peut aussi que tu n'obtiennes que de l'air qui passe dans le sifflet. Dans ce cas, il faut refaire un autre bouchon et poncer moins sa surface pour que le canal soit plus étroit. L'absence de son peut avoir une autre cause : c'est que le biseau que tu as fait est trop grand. Dans ce cas, il faut refaire un autre sifflet en fendant moins la canne dans son épaisseur.

Le sifflet en sureau

Le matériel

- une branche de sureau
- un canif
- un tire-bouchon

Coupe un morceau de sureau, vide l'intérieur avec le tire-bouchon. Coupe dans une branche fine un morceau qui puisse entrer à l'intérieur de la cavité évidée. Avec le canif, taille ce morceau légèrement en biseau. Découpe sur le dessus du premier morceau une fente horizontale puis une en biais, qui rejoigne la précédente.
Enfile le petit morceau de branche à l'intérieur jusqu'au ras de la fente (partie biseautée sur le dessus), puis coupe ce qui dépasse.

LE SIFFLET CORNEMUSE

Le matériel

- un sifflet
- un ballon

Fais un sifflet, comme précédemment mais avec un tube ouvert aux deux extrémités. Pour vérifier que ton sifflet fonctionne bien, bouche avec ton doigt le trou opposé au bec. Enfile un ballon sur l'embout en l'arrêtant au ras de la fente. Si le ballon est un peu trop large, tu peux rajouter un élastique. Gonfle le ballon par le bout du sifflet en bouchant la fente avec un doigt. Laisse l'air ressortir en bouchant en continu le bout du sifflet ou en l'obstruant par à-coups.

LE SIFFLET À COULISSE

Le matériel

- un sifflet
- une canne de Provence (tuteur)
- un bâtonnet correspondant au diamètre intérieur de la canne
- du ruban adhésif
- des ciseaux

Réalise un sifflet dans un long morceau de canne ouvert aux deux bouts, puis glisse le bâtonnet à l'intérieur de la canne. Si celui-ci est un peu trop fin, rajoute à une de ses extrémités, un morceau de ruban adhésif. Fais-le par couches successives jusqu'à ce que le bâton glisse dans la canne avec une légère résistance, mais sans forcer (sinon la canne risque de se fendre verticalement et ton sifflet ne marchera pas).

Pour jouer, souffle dans le sifflet et fais varier la coulisse en hauteur pour obtenir des sons qui iront des graves (lorsque la coulisse sera basse) aux aigus (lorsque la coulisse sera haute).

LE SIFFLET GAZOUILLEUR

Le matériel

- un sifflet
- la coque intérieure d'un œuf en chocolat
- un canif avec une lame poinçon

Dans une canne fine, réalise comme précédemment un sifflet ouvert aux deux extrémités.
Prends "l'empreinte" du sifflet en noircissant le bout de la canne, puis reporte-la sur la partie bombée supérieure de la coque en plastique. A l'aide du poinçon, découpe le cercle dans le plastique en tournant très doucement. Dans la coque en plastique, fais un autre trou (de la taille d'une aiguille à tapisserie) exactement à l'opposé du premier trou.

Glisse ensuite le sifflet en biais jusqu'à ce qu'il touche le fond de la coque, puis remplis le réservoir d'eau par la fente du sifflet. Lorsque l'eau ressort par l'ouverture, vide un peu d'eau puis souffle, un gazouillis d'oiseau doit se faire entendre. Si le son émis par le sifflet n'est pas satisfaisant, rajoute ou retire un peu d'eau jusqu'à ce que tu obtiennes l'effet désiré.

CONSEIL

Si la canne n'entre pas dans le premier trou, agrandis-le avec une lime, si ton couteau en possède une, ou alors avec une lame un peu plus large que le poinçon. Fais attention à ne pas trop élargir le trou car le plastique doit faire corps avec la canne et ne pas laisser passer d'air. Rentre le sifflet dans le trou en forçant un peu. Pour éviter de casser le plastique si tu forces trop, trempe quelques secondes la coque dans de l'eau chaude.

Facile à faire : le sifflet à roulette. Réalise un sifflet comme indiqué page 33. Pour qu'il fasse un joli son ajoute à l'intérieur, avant de placer le bouchon, un grain de poivre noir.

Quel est le sifflet le plus simple ? Chacun d'entre nous peut se l'offrir. Il suffit de réunir ses mains en une coupe dans laquelle l'air émis par la bouche vibre, la mélodie variant selon le déplacement des doigts.

Cette conque traversière ornée de touffes de cheveux provient des îles Marquises, en Polynésie. C'est un instrument de musique associé aux rites guerriers mais aussi aux rites d'initiation et de fertilité.

A QUOI RECONNAÎT-ON UN SIFFLET ?

Généralement, le sifflet n'émet qu'une seule note (parfois trois) à la différence de la flûte. Des musiciens africains et mélanésiens ont pallié ce handicap : ils se regroupent et forment des chœurs, chaque membre possédant un sifflet d'une tonalité différente, et disposent ainsi d'une polyphonie riche et mélodique.
Os, métal, bois, coquillage, ivoire, autant de matières qui ont prêté leurs propriétés aux instruments primitifs. Les sifflets des chefs de gare, des arbitres, des agents de police, sont bien loin de tout cela ! La matière diffère mais la fonction demeure : prévenir, signaler, communiquer.
L'imagination pousse certains Papous de Nouvelle-Guinée à placer un coléoptère vivant dans leur bouche de façon à créer un bruit original lorsque celui-ci bat des ailes. Une guimbarde naturelle en quelque sorte...

La guimbarde

La guimbarde que l'on rencontre dans les cours de récréation, est vieille de plusieurs siècles (on la trouve mentionnée dans un document chinois datant du XIIe siècle). Elle s'est rapidement répandue à travers le monde à partir du XIVe siècle. La guimbarde n'est plus guère utilisée aujourd'hui comme instrument traditionnel sauf en Roumanie, au Danemark, en Norvège, et dans le folklore sicilien.

Bamiléké, sifflet en bois sculpté, Cameroun.

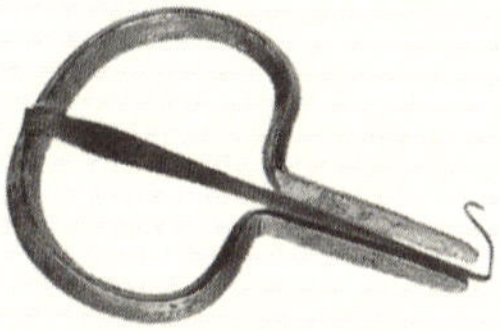

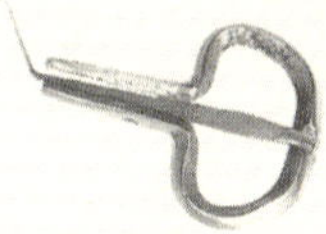

Guimbarde et son étui gravé. France, XIXe siècle.

Le rhombe

Sa simplicité en fait l'un des instruments les plus vieux du monde (on a trouvé en Dordogne, dans la grotte de la Roche, un rhombe en bois de renne datant de plus de vingt-cinq mille ans !). Son caractère sacré vient du fait qu'il était censé exprimer la voix des esprits. En le faisant tournoyer plus ou moins vite, le vombrissement varie et l'on interprétait ainsi la volonté des dieux. Il est fait de bois et d'écorce, quelquefois d'os ou de corne, en Occident, on l'a rebaptisé "ronflement du diable".

Rhombes en bois décorés de motifs sculptés, provenant de Mélanésie, Nouvelle-Guinée.

LE TAMBOUR

Le matériel

- une grosse boîte de conserve (2,5 kg) ou une boîte de peinture
- du plastique adhésif
- un sachet en plastique (type sachet de céréales)
- du ruban adhésif
- des élastiques larges
- de la ficelle de cuisine
- des ciseaux
- un crayon
- une règle
- un bâtonnet à brochettes
- un carré de feutrine
- un morceau de coton ou de molleton
- un sèche-cheveux

NOTE
Le sèche-cheveux a pour effet de tendre le plastique, tu obtiendras ainsi une tension maximale de la membrane. N'approche pas trop près le sèche-cheveux du plastique (laisse-le environ à 10 cm), sinon, tu risquerais de faire un trou.

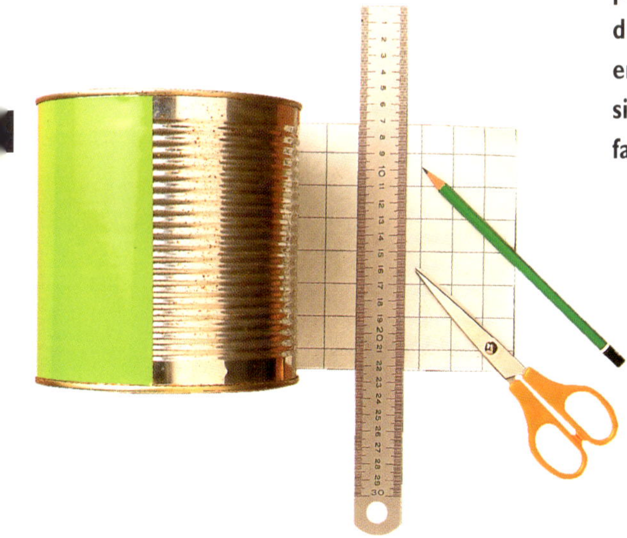

Mesure et coupe une bande de plastique adhésif à la dimension de la boîte. Recouvre soigneusement la boîte avec le plastique adhésif (c'est-à-dire en évitant de faire des plis en "chassant" au fur et à mesure les bulles d'air qui pourraient se former).

2

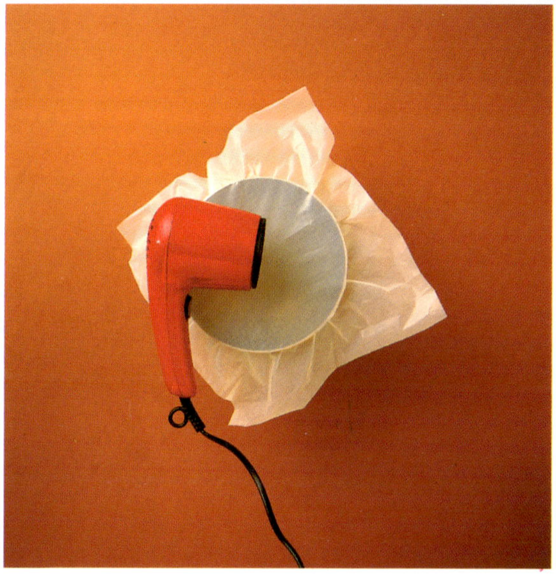

Ouvre le sachet de plastique, tends-le sur la boîte avec l'élastique. Avec le sèche-cheveux, tends le plastique en tirant doucement tout autour tout en chauffant la surface du tambour.

3

Coupe l'excédent de plastique avec les ciseaux, 1 cm en dessous de l'élastique.

4

Recouvre l'élastique et le plastique avec le ruban adhésif.

5

Réalise la baguette en recouvrant la perle d'un carré de molleton et d'un carré de feutrine puis enfile-la sur le bâtonnet.
Attache le tout avec la ficelle de cuisine.

LE TAMBOURIN À PRIÈRES

Le matériel

- deux couvercles identiques de bocaux de confiture
- du plastique adhésif
- deux perles
- de la ficelle de cuisine
- de la colle forte
- des ciseaux
- du ruban adhésif
- un tourillon de 8 mm de diamètre ou le manche d'une cuiller en bois (20 cm)

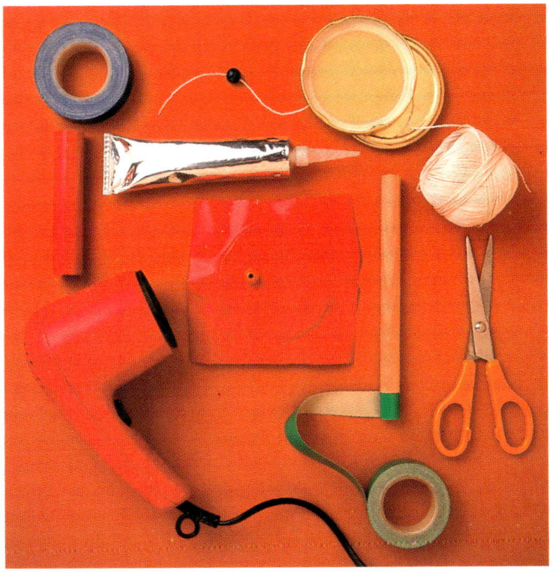

Coupe deux carrés de plastique, un peu plus grands que le diamètre des couvercles et tends le plastique au sèche-cheveux (voir page 41). Colle bien l'excédent de plastique le long des rebords des couvercles et coupe tout ce qui dépasse. Coupe un morceau de ficelle de deux fois le diamètre des couvercles. Attache à chaque bout une perle de bois et colle cette ficelle avec la colle forte entre les deux couvercles, bien centrée le long du diamètre.

Colle le bâton perpendiculairement au bord des deux couvercles réunis en plaçant la ficelle à l'horizontale. Consolide avec du ruban adhésif, sur le pourtour des couvercles ainsi que sur le manche, ajoute un autre morceau à l'autre extrémité du bâton.
Pour jouer, il faut tourner le bâton avec un mouvement de va-et-vient régulier, pour que les perles viennent frapper chaque face du tambourin.

NOTE
Pour réaliser les bongos, tu peux ne choisir qu'une seule variété de membrane, ici on t'en propose plusieurs afin que tu puisses faire un choix ; d'ailleurs rien ne t'empêche de réaliser tes bongos de la même façon que le tambour.

LES BONGOS

Le matériel

- trois boîtes de conserve de différents formats
- du plastique adhésif
- des gommettes
- des ballons
- des gants en caoutchouc non doublés ou des gants jetables
- des élastiques larges
- des petits élastiques

Recouvre le corps des boîtes avec l'adhésif et décore-le avec des gommettes autocollantes.
- Si tu utilises un ballon, coupe l'embout et étire-le sur le dessus de la boîte, il tiendra en place tout seul ; pour plus de sécurité, ajoute un petit élastique.
- Si tu utilises les gants jetables, découpe un morceau dans le corps du gant, tends-le avec un élastique et augmente la tension avec le sèche-cheveux. Rajoute du ruban adhésif pour maintenir le gant en place après avoir coupé les bords qui dépassent.
Assemble tes boîtes avec de gros élastiques en entourant les boîtes deux par deux.

Le tambour de parade

Le matériel

- un gros pot de peinture
- deux peaux de chamois synthétiques ou naturelles
- un compas
- des ciseaux
- des œillets
- une pince à œillets
- un emporte-pièce à frapper ou à pinces
- 6 m de cordonnet synthétique (type lacet pour chaussures de sport)
- 2,50 m de sangle

Sur l'envers de la peau, trace au crayon le contour du pot. Autour de ce cercle, traces-en un autre au compas en lui donnant 10 cm de plus de rayon. Découpe ce cercle et plie-le en quatre. Fais 10 trous sur le bord de ce quart de cercle, en prenant les quatre épaisseurs ensemble. Place dans chaque trou un œillet. Prépare l'autre peau de la même manière. Pose une peau sur chaque face du tambour, et maintiens-les en place avec de gros élastiques, comme pour le tambour page 41 (cela facilitera le laçage).

Avant de lacer, place la sangle autour du tambour et fixe-la avec des œillets. Fais le laçage en enfilant le cordonnet par l'extérieur et en passant dans deux trous à la fois. Tends bien les peaux au fur et à mesure. Une fois le laçage terminé, retire les élastiques. Pour jouer utilise les baguettes réalisées page 42, mais au lieu de les habiller de feutrine, utilise les chutes de peau.

L'origine du mot tambour vient du persan *tabir* ; le mot français tambour (en vieux français *tabour*) est apparu à la fin du XIIe siècle.

Cet instrument appartient à la famille des membranophones.

Tout commence par une légende

En des temps immémoriaux, les dieux qui habitaient Téotihuacan, près de l'actuelle ville de Mexico, quittèrent la Terre pour gagner le paradis. Les prêtres, tristes et désorientés, attendirent en vain leur retour. Alors l'un d'eux accomplit un long périple, afin de supplier le Soleil de soulager leurs maux. A l'astre flamboyant qui régnait sur les instruments de musique, le prêtre audacieux demanda de bien vouloir lui confier quelques-uns de ses courtisans, afin qu'ils remplacent les dieux absents de la Terre. Le Soleil refusa et interdit aux instruments de musique de quitter son royaume sous peine d'en être rejetés à tout jamais... Pourtant deux d'entre eux bravèrent l'interdit : Huehuetl le grand tambour de peau et Teponatzli le tambour de bois. Descendus sur Terre, leurs mélopées ravirent les hommes mais, dans leurs chants se retrouvait la nostalgie d'un exil éternel...

De l'usage

De retour de Palestine, ce sont les croisés qui rapportèrent le tambour de guerre en Europe. Nombre d'armées l'adoptèrent afin de rythmer marches et parades, attaques et retraites. Cependant, l'usage du tambour n'est pas exclusivement réservé à des fins belliqueuses.

Ainsi, grosse caisse et timbales ont trouvé une juste place dans l'instrumentation symphonique.

Il y a peu de temps encore, le garde champêtre annonçait réjouissances et fêtes, informations et discours au son du roulement de son tambour, rythmant ainsi la vie sociale des petites villes et des villages.

AU JAPON

Le da-daiko compte parmi les plus grands instruments à membranes du monde (sa caisse possède un diamètre de 1,30 m). C'est un élément indispensable au déroulement dramatique du théâtre kabuki.

AUX CARAÏBES

L'habileté des *steel bands* (orchestres d'acier) des Antilles prouve que les rythmes ancestraux hantent toujours l'homme moderne. Né au cours de la Seconde Guerre mondiale, le *steel drum* (tambour d'acier) est fabriqué dans un bidon d'essence cylindrique dont la surface possède des bosses qui reproduisent chacune une note. L'orchestration est simple mais incontestablement précise et puissante.

EN AFRIQUE

On trouve des tambours"parleurs" qui permettent à des tribus distantes de plusieurs dizaines de kilomètres de communiquer. Certains de ces instruments ont même la particularité d'imiter les sonorités du langage !

EN ASIE ET EN ORIENT

Il est courant de rencontrer de curieux tambours dits de prières : quand on les fait tourner rapidement, les billes dont ils sont ornés viennent frapper successivement les deux faces et produisent un son crépitant, propice à la méditation.

1 2 3 4 5 6 7 8 9 10 11 12 13 14 15 16 17 18 19 20 21 22 23 24 25 26 27 28 29 30

LE VIOLON

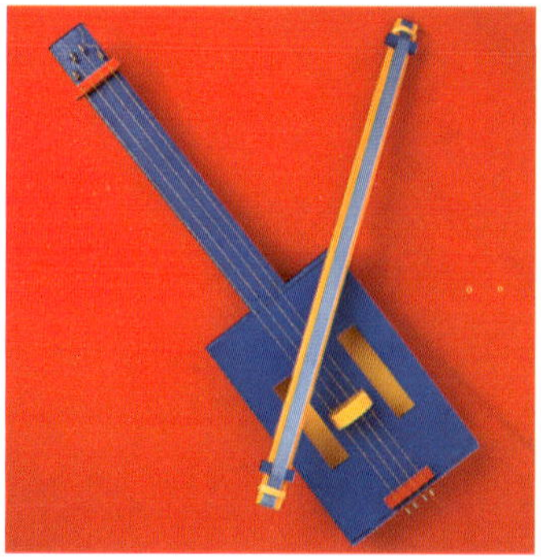

Le matériel

- une boîte à cigares
- un tasseau de 3,5 cm x 1,25 cm
- un tasseau de 2 cm x 0,8 cm
- un tasseau de section carrée de 0,8 cm de côté
- quatre pitons à œil fermé
- quatre pitons à œil ouvert
- quatre vis de 2,5 cm
- deux vis de 1,5 cm
- deux pinceaux
- un tournevis cruciforme
- un crayon noir
- une règle
- un cutter
- des ciseaux
- une vrille
- une scie
- du papier de verre
- de la colle blanche
- du fil de pêche de diamètre moyen (9 à 12 kg)
- des pots de peinture
- des élastiques
- un morceau de ruban de plastique qui sert à attacher les cartons
- une pastille de colophane (en vente dans les magasins d'articles pour la musique)

CONSEIL

Le premier morceau correspond à celui qui va se trouver sous la boîte, et comme les boîtes de cigares ne sont pas toutes de la même dimension, vérifie préalablement le format de la tienne, pour déterminer la longueur du tasseau que tu dois couper, et rajoute 1,5 cm à la longueur pour l'assemblage.

NOTE

Pour faciliter le vissage il est préférable de faire un pré-trou.

1

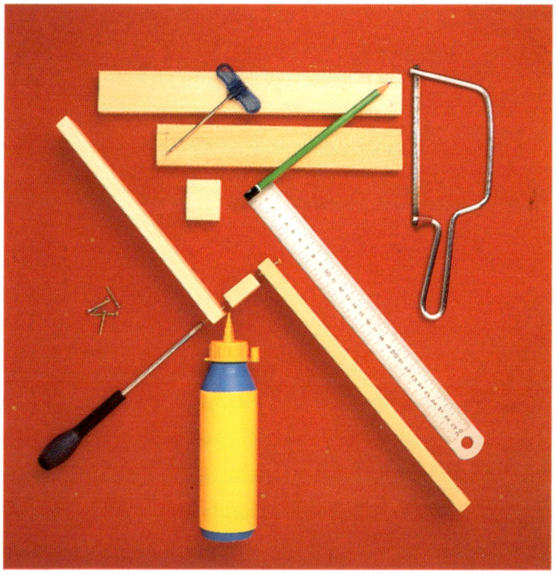

Coupe, avec la scie, dans le tasseau de 3,5 cm, trois morceaux de 23,5 cm, 29,5 cm, 3 cm. Colle et visse, avec les vis longues, les trois morceaux ensemble.

2

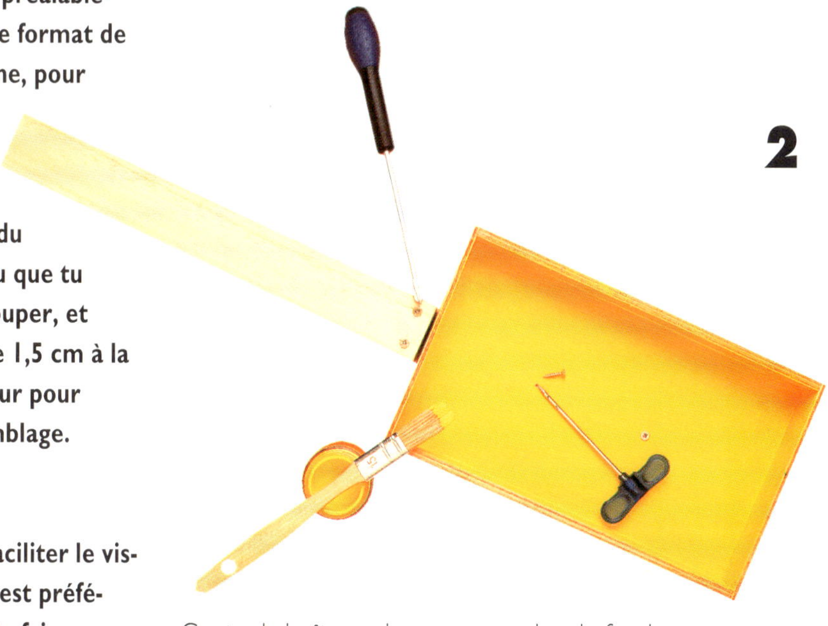

Centre la boîte sur le tasseau et visse le fond sur ce dernier. Peins le fond de la boîte.

3

Sur le couvercle trace les "ouïes" du violon, à 2,5 cm de chaque grand côté, et à 7 cm de chaque petit côté, sur 2 cm de large. Découpe à l'aide d'un cutter à lame rigide en passant plusieurs fois sur le même trait jusqu'à ce que la lame traverse l'épaisseur du bois. Colle et peins la boîte.

CONSEIL
Si tu possèdes un instrument précis pour accorder ton violon, sache que la première corde à gauche est un *mi*, la deuxième un *la*, la troisième un *ré*, et la dernière un *sol* (en clé de *sol*).

Pour jouer, frotte les cordes avec l'archet en faisant coulisser tes doigts le long du manche.

Sur le devant de la boîte place en ligne les quatre pitons ouverts espacés de 1 cm chacun, l'ouverture vers le bas. Sur le haut du manche place deux pitons espacés de 1 cm à 2 cm du bord et deux pitons fermés espacés de 3 cm à 3 cm du bord.
Coupe une longueur de fil d'une fois la longueur du violon plus 20 cm. Recoupe trois autres fois la même longueur. Fixe le premier fil sur le piton de gauche, sur le devant de la boîte : passe l'extrémité du fil de gauche à droite et, avec le bout, tourne autour du fil de gauche trois fois, puis repasse dans la boucle en rentrant par en dessous et en sortant sur le dessus, serre fort, ton nœud ne se défera plus. (C'est un nœud que l'on utilise pour fixer les hameçons sur les lignes à la pêche.)
Recommence de la même façon l'attache des autres fils. Prends à nouveau le premier fil et attache-le avec le même nœud sur le premier piton de gauche.
Une fois le nœud fait, tourne le piton pour tendre la corde. Recommence pour les trois autres la même opération.

4

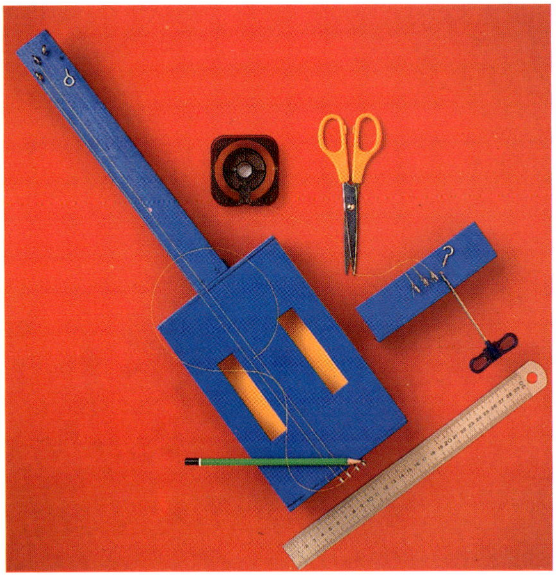

5

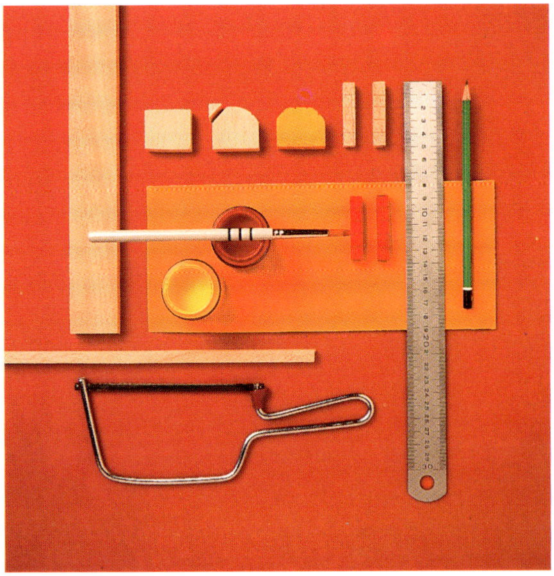

Reprends le tasseau qui t'a servi pour le manche et coupe un morceau de 3 cm. Coupe ensuite deux angles de 1 cm de côté. Arrondis les angles sur le papier de verre et, avec la scie fais des encoches espacées de 1 cm chacune. Peins ce "chevalet" et laisse-le sécher. Pendant ce temps, découpe dans la baguette carrée deux morceaux de 5 cm de long. À 0,5 cm du bord, trace un trait tous les centimètres et entame légèrement le bois avec la scie. Peins ces "cordiers" et laisse sécher.

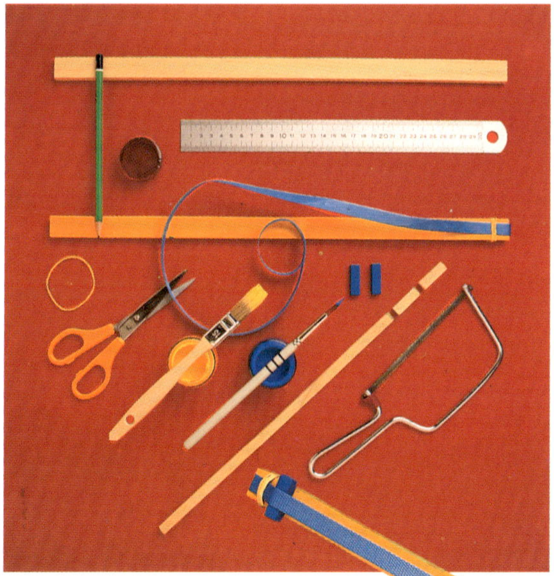

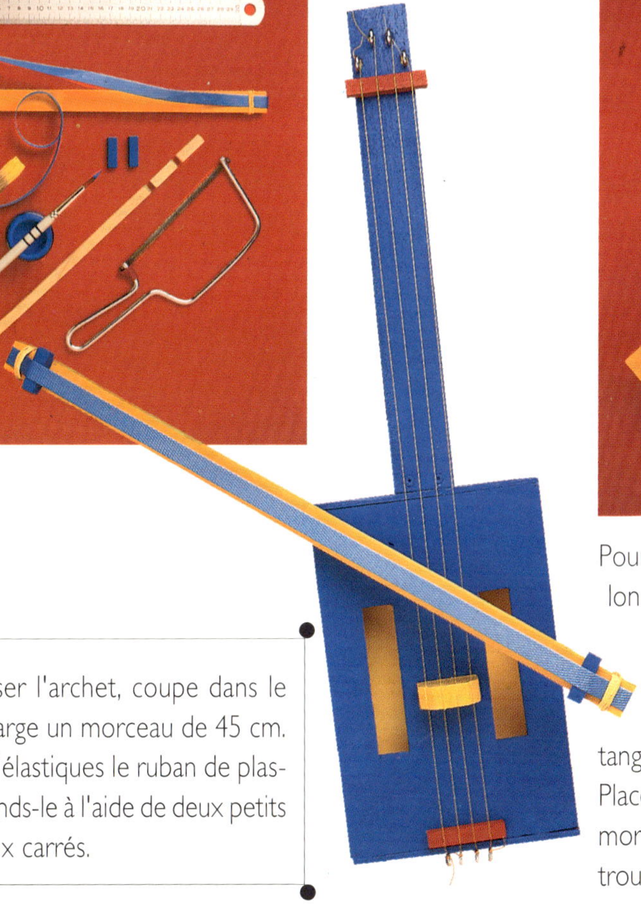

Pour réaliser l'archet, coupe dans le tasseau de 2 cm de large un morceau de 45 cm. Fixe dessus à l'aide d'élastiques le ruban de plastique d'emballage. Tends-le à l'aide de deux petits morceaux de tasseaux carrés.

LE BANJO

Le matériel

- une boîte de bonbons, en métal
- un tasseau de 3,5 cm x 1,25 cm
- un tasseau à section carrée de 0,8 cm
- quatre pitons à œil fermé
- quatre pitons à œil ouvert
- quatre vis de 2,5 cm et deux vis de 1,5 cm
- un tournevis
- un sachet en plastique (type boîte de céréales)
- du fil de fer galvanisé (matériel de jardin)
- un clou de gros calibre
- un marteau, des ciseaux et un médiator

1

Pour réaliser le banjo, reprends l'explication du violon page 49 et coupe les différents morceaux aux dimensions suivantes : le manche mesure 40 cm, la barre sous la boîte mesure 4 cm de plus que le diamètre de celle-ci et le petit rectangle, 3 cm. Assemble-les comme page 49. Peins-les. Place la boîte que tu auras décorée sur le plus court morceau de bois. Avec le clou et le marteau fais deux trous le long du diamètre de la boîte, puis visse à fond.

2

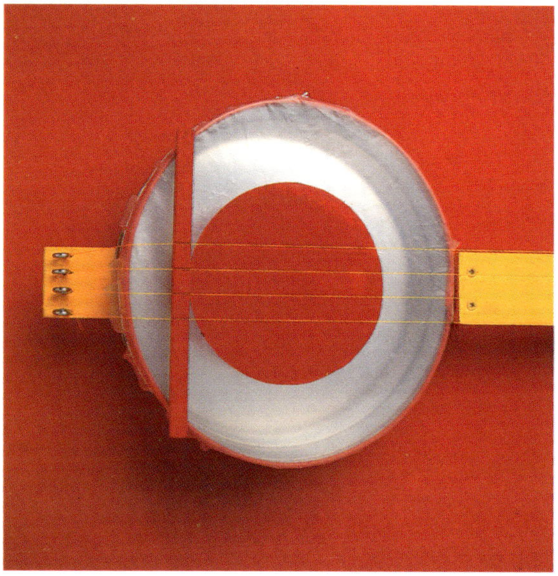

Recouvre la surface du banjo avec le plastique et maintiens-le en place avec un gros élastique, avant de le fixer avec un morceau de fil de fer, dont tu torsaderas les extrémités ensemble (tu le rabattras ensuite le long du corps de la boîte). Retire l'élastique. A la base du banjo place les quatre pitons ouverts espacés de 1 cm comme sur la photo. A l'extrémité inférieure, place les quatre pitons fermés le long d'une diagonale contenue dans un rectangle de 3 cm x 4,5 cm, tous les 1,5 cm

CONSEILS
Pour tendre le mieux possible le plastique sur la boîte tu peux te reporter à la technique du tambour, page 41.

Tu peux, avant de monter les cordes, décorer le dessus du banjo avec un cercle de plastique adhésif de couleur.

Les cordiers sont un peu différents de ceux du violon. Le cordier inférieur doit dépasser de la boîte pour empêcher les cordes d'entamer la boîte et sa membrane vibrante. Il mesure 15 cm de long et les entailles sont disposées, comme pour le violon tous les 1 cm (4 au milieu de la baguette). L'autre cordier mesure 7 cm et possède lui aussi 4 encoches espacées de 1 cm chacune.

Monte les cordes sans trop les serrer, puis place les cordiers et accorde ton instrument du plus grave à gauche au plus aigu à droite (à l'inverse du violon). Pour jouer utilise un médiator, une plume, un morceau de plastique coupé dans le plastique d'une bouteille de lait, une pièce de monnaie, etc.

Pour faire une guitare, procède comme pour le violon, mais fais un manche de 40 cm de long et au lieu de faire des ouïes, découpe dans le couvercle de la boîte une fenêtre de 6 cm à 8 cm.

L'ensemble des cordes est une famille nombreuse. Afin d'en simplifier l'étude, il est d'usage de la diviser en trois groupes.

Le premier comprend les instruments à cordes frottées sur lesquelles on fait glisser un archet comme le violon, l'alto, le violoncelle, la contrebasse. Le second englobe les instruments à cordes pincées : guitares et harpes, luths et cithares. Le troisième enfin rassemble les claviers dont les cordes peuvent être pincées comme celles du clavecin ou frappées comme celles du piano.

Lyre romaine en bois (reconstitution).

La fabrication des cordes

Le choix de la matière de la corde est primordial, c'est pourquoi le luthier (ou le facteur) y porte le plus grand soin. En effet, la pureté du son dépend du subtil équilibre entre la tension (choisie par l'artiste) et l'élasticité de la corde. Dans les pays occidentaux, on utilise le boyau de chat, de mouton ou d'agneau . Les nombreuses opérations chimiques et mécaniques subies par le boyau tendent à le stabiliser le plus possible. On peut laisser les cordes "dénudées" ou les "habiller" d'argent ou d'aluminium afin qu'elles résistent mieux à l'usure, à l'humidité et aux changements de température, fatales pour l'accordage de l'instrument et véritables hantises du virtuose. L'archet, lui, est en crins de cheval.
Dans la mythologie grecque, la lyre fut offerte par Hermès à Apollon et Orphée comme symbole de l'expression poétique. On dit ainsi poésie lyrique. C'est le symbole musical par excellence.

Un luthier dans son atelier.

Le banjo

Cet instrument, introduit en Amérique du Nord par les esclaves noirs, s'inspire du luth africain. Sa popularité s'accrut avec l'engouement populaire grandissant accordé au jazz. Au terme du XIXe siècle, le banjo connut son heure de gloire grâce à un style de jazz appelé Dixieland.

Stradivarius : le roi des rois

Parmi les instruments qui composent l'orchestre, le violon est communément appelé le roi. Ses ancêtres les plus lointains se trouveraient en Afrique et en Arabie, et ses plus proches cousins sont les violes et les vielles de la Renaissance. Le violon, tel que nous le connaissons aujourd'hui est apparu au début du XVIe siècle.
Antoine Stradivari (1644-1737), plus connu sous le nom de Stradivarius, est considéré comme le plus grand luthier de tous les temps. Meilleur élève du grand luthier Nicolas Amati, il fabriqua avec génie, à Crémone en Italie, un millier d'instruments auxquels il donna son nom pour la postérité. Les exceptionnelles qualités esthétiques et acoustiques des cinq cents violons qui nous sont parvenus, font de ces joyaux des objets de collection très convoités. Le Stradivarius enflamme inéluctablement les enchères. A Londres, aux ventes aux enchères, certains se sont vendus plus de deux millions de francs ! Face à de telles sommes, la tentation de créer des faux est grande et l'avis des experts n'est plus assez sûr, tant les copies sont semblables aux originaux. Pour déjouer l'habileté des faussaires, on utilise la dendrochronologie, une technique qui permet d'analyser les couches concentriques du bois et de dater l'instrument.

James Marshall Hendrix, dit Jimi Hendrix

Métis de sang noir et indien cherokee, né à Seattle en 1945, Jimi Hendrix commença à jouer de la guitare électrique dès l'âge de douze ans. La légende veut que ses parents l'aient surpris mimant un joueur de guitare avec tant de ferveur qu'ils décidèrent de le pousser dans cette voie... Repoussant les limites des sonorités électriques, explorant des champs sonores encore vierges, le jeune prodige impose rapidement son talent mais également ses excentricités scéniques, allant jusqu'à brûler sa guitare au festival de Monterey en 1967. Sa maîtrise de l'instrument, ajoutée à un don de créativité exceptionnel, a fait de lui une figure incontournable de la musique rock. Guitariste, chanteur, auteur, compositeur, il eut une influence primordiale et nombreux sont ceux aujourd'hui qui revendiquent leur filiation à la magie d'Hendrix : Prince est l'un d'eux.

Mort à 28 ans, il est entré de plain-pied dans la légende, comme en témoigne le succès de ses deux plus fameux albums : *Axis : Bold as love* (1967) et *Electric Ladyland* (1968) .

INDEX

B

Le balafon, page 11
Le banjo, page 51
Les bongos, page 43
Le bouteillophone, page 12

C

Le claquoir, page 28
La crécelle, page 25

F

La flûte de Pan en bois, page 17
La flûte de Pan en feutre, page 19
La flûte de Pan en pailles, page 19
La flûte de Pan en PVC, page 20

G

Les grelots, page 27
La guitare, page 52

M

Les maracas, page 26
Le métallophone du mécanicien, page 11
Le métallophone portemanteau, page 12

O

L'orgue à bouteilles, page 20

S

Le sifflet à coulisse, page 35
Le sifflet cornemuse, page 35
Le sifflet en canne de Provence, page 33
Le sifflet gazouilleur, page 36
Le sifflet en sureau, page 34

T

Le tambour, page 41
Le tambour de parade, page 44
Le tambour à prières, page 42

V-X

Le violon, page 49
Le xylophone, page 9

Crédits photographiques :
© G. Boutin / Explorer, page 23
© Brun / Explorer, page 15
© Dagli Orti, pages 30, 54
© Destable / Musée de l'Homme, page 15
© Explorer archives, pages 23, 46
© Stéphane Frances / Explorer, page 47
© L. Garrido / Gamma, page 55
© Giraudon, page 15
© Jean-Louis Gaubert / Explorer, page 31
© Francis Jalain / Explorer, page 54
© Joster / Musée de l'Homme, pages 23, 39
© G. Kocher / Musée de l'Homme, page 14
© Yann Layma / Explorer, page 47
© Lauros / Giraudon, page 14
© Manchette / Gamma, page 31
© Mary Evans Picture Library, page 22
© M. Moisnard / Explorer, page 47
© Musée de la Musique/clichés Publimage, page 39
© Musée de l'Homme, page 38
© Pousard / Musée de l'Homme, pages, 22, 39
© Paul van Riel / Explorer, page 47
© C. Viot / Gamma, page 30

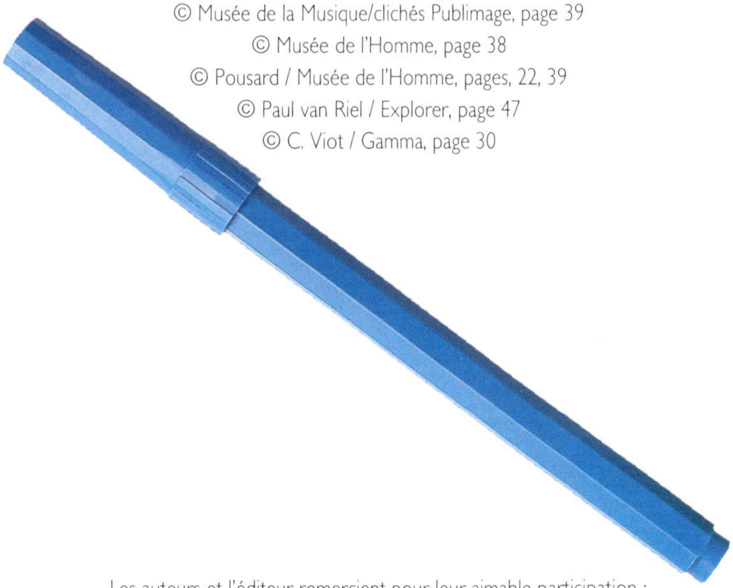

Les auteurs et l'éditeur remercient pour leur aimable participation :
La Samaritaine,
Rougier et Plé,
Pyramide,
Despalles et Territoire.
Responsable éditoriale : Bénédicte Servignat assistée de Valérie Einhorn
Directeur artistique : François Huertas